Pour toi

A ma fille

Marie LUMINEAU

Épouse JOSSIEN

Du même auteur

Veux tu savoir qui tu es ?

Et si c'était moi

Présentation

Marie LUMINEAU voit le jour à Neuilly-sur-Seine en 1990. Passionnée par la littérature, la photographie, le théâtre et la poésie, elle aimait beaucoup les écrivains comme Molière, Baudelaire…

Elle débute en 2014 par un ouvrage s'intitulant « Veux-tu savoir qui tu es ? ».
Ce livre est un court récit sous forme de monologue sur la vie.

Puis en 2020, elle décide d'écrire un second livre, toujours en rimes, mais sur la thématique de la sophrologie consistant à expliquer le protocole.

Outre son côté artistique, Marie, mariée à Jean-Marc, donne naissance à leur fille Rose.

L'expression « jamais 2 sans 3 » prend son sens fin 2023 avec cet ouvrage « Pour toi ».

Marie écrit ce livre pour sa fille et, par la même occasion, offre un nouvel ouvrage sur la vie, presque 10 ans plus tard.

« La mort rattrape ceux qui la fuient. »

« Cueille le jour sans te soucier du lendemain. »

«Ose penser par toi-même. (Épîtres I, 2, 40) »

« Celui qui ajourne le moment de bien vivre attend comme les paysans que la rivière ait fini de couler. (Épîtres) »

« Sur les flots, sur les grands chemins, nous poursuivons le bonheur. Mais il est ici, le bonheur »

«Pourquoi dans une vie si courte, visons-nous audacieusement des buts si nombreux ? »

« Et je m'efforce de me soumettre les choses et non de me soumettre aux choses. »

«La vie ne nous accorde rien à nous mortels sans travail acharné. »

«Dominez vos pensées ou ce sont elles qui vous domineront. »

«L'instruction accroît la valeur innée. »

Horace (8 décembre 65 av. J.-C. – 27 novembre 8 av. J.-C.)

Table des matières

MarieL

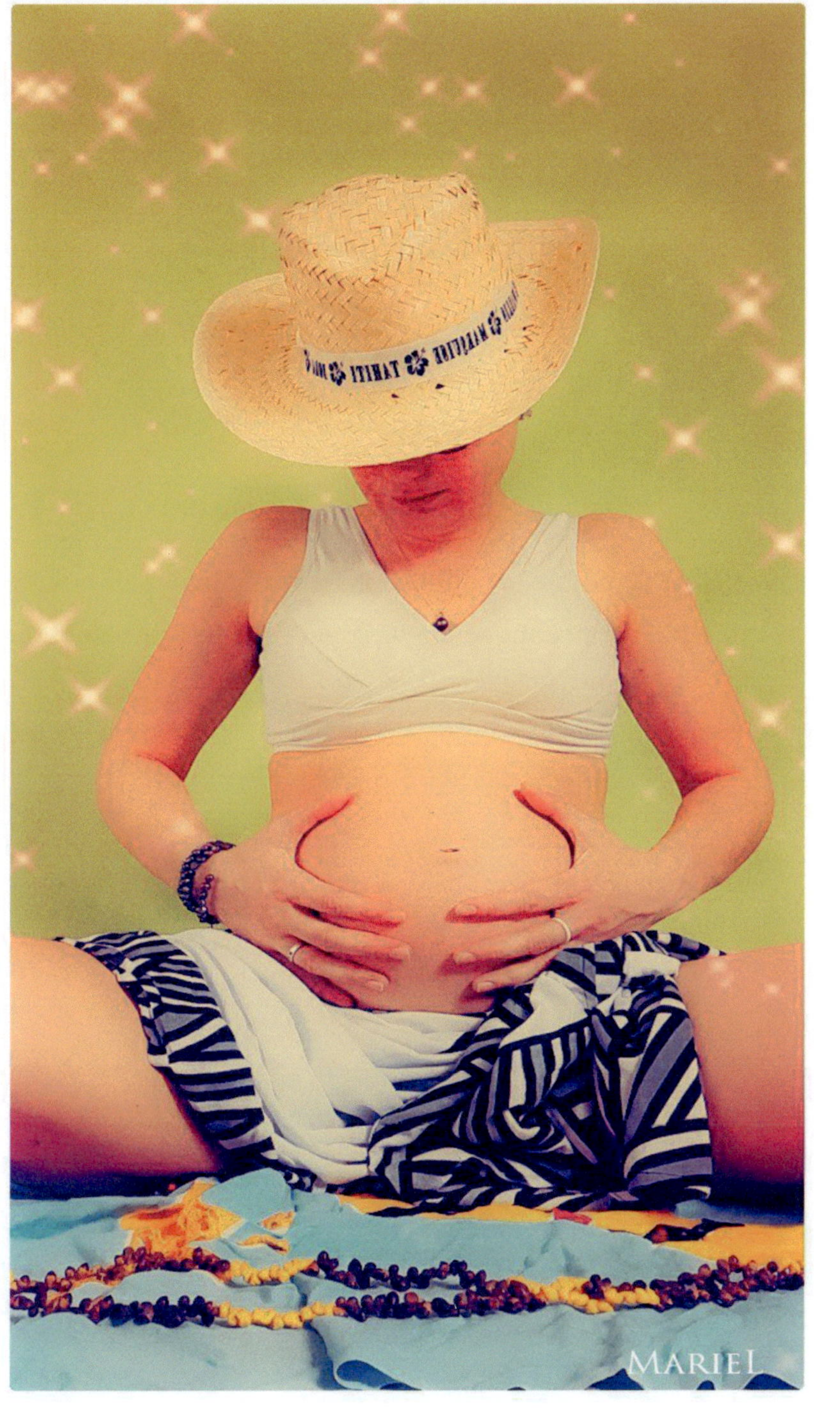
MARIEL

Avant-propos

Un mélange de poésie, de philosophie, de photographie…

Un ensemble permettant de laisser à ma fille **un symbole dans la vie**.

Ce livre existe grâce à toi, ma fille…

197928
MarieL

Pourquoi ce livre existe-t-il ? Pour qui a-t-il été écrit ?

Ce livre est un recueil de poésies, car la vie mérite d'être lue comme une mélodie.

Il existe avant tout pour ma fille, Rose.
Laisser un héritage financier est une chose, mais laisser un héritage littéraire est tout aussi précieux.

Mon objectif, ma fille, est que tu puisses poser ton regard sur la Vie.
Que ces mots puissent t'offrir un chemin, ou parfois quelques réponses à tes questions.

Car oui, la Vie peut parfois te sembler compliquée.
Tu auras peut-être l'impression qu'elle est dure avec toi.

Pourtant, la Vie est bien faite.

Tu comprendras un jour que les choses ne sont pas dues au hasard.
Que les obstacles sont là pour te faire grandir.
Que dans chaque épreuve, il existe toujours une part de positif.

Souffrir fait aussi partie de la vie, car sans cette émotion, le bonheur n'aurait pas la même saveur.

Le regard que je porte sur cette Vie, à la fois longue et courte, reste un regard subjectif.
Et comme tout point de vue, il est le fruit de mes propres expériences.

Tu me diras peut-être — sûrement — que tu n'as pas besoin de mes conseils.

Je tenterai de te prévenir de nombreuses fois, mais tu auras besoin de vivre tes propres expériences.

C'est pour cela que ce livre pourra traverser le temps, et que ta lecture en sera peut-être différente au fil des années.

Ma fille, je te confie ces mots qui me sont précieux. Prends-en soin.

Et à tous les lecteurs de cet ouvrage :
un livre possède une force que l'informatique ne pourra jamais remplacer.

L'avenir sera peut-être marqué par le virtuel, mais il restera toujours une chose que rien ne pourra remplacer.

Car oui, l'Homme possède une force que l'intelligence artificielle n'a pas : **le Vivant.**

MARIEL

L'instant présent

L'instant présent a une force que nul ne peut égaler.
Sur Terre, il représente un temps indéterminé.
On nous dit de ne pas regarder le passé,
Et que le futur ne doit pas être pensé.

Mais que veut dire réellement l'instant présent ?
Utiliser ces cinq sens de manière profondément,
Respirer à plein poumon intensément.
Remercier la Vie d'être en vie simplement.

L'instant présent a la chance d'exister.
La force de juger le passé,
Se projeter dans le futur par des projets.
L'instant présent a la puissance d'exister.

MarieL

Et demain ?

Le seul point commun au commun des humains,
C'est l'ignorance, l'inconnu de demain.

Ce besoin de contrôler le planning de la semaine.
Ce besoin de justifier notre existence humaine.

Nous sommes acteur de notre propre chemin,
Et le savoir d'un spectateur de notre destin.

Mes actions d'hier et d'aujourd'hui,
Bâtirons le futur où j'irais cueillir les fruits.

Carpe Diem ou cueille le jour !

MarieL

La Nature

Sans la Nature, l'Homme ne pourrait exister.
Tu as cette force que nulle ne peut égaler.

L'humain croit que nous sommes responsables de toi !
Mais il oublie vite que sans toi, nous ne sommes rien.
Et toi sans nous, tu vivrais tellement bien.
Ta patience de nous supporter est plus forte que la Foi.

Écoute les, ces vendeurs de bonnes pensées,
Nous dire comment tu dois respirer.

Ils nous demandent de réaliser des actions,
Avec des contraintes et des conditions.
Si un humain ne "sauve" pas la Planète,
Il paiera des taxes et ils augmenteront la dette.

Toi la Nature, le jour où tu vas vraiment te rebeller.
Montre leurs, ta Puissance, ta Présence, ta Fierté !

La réalité sur ce sujet, c'est notre propre disparition.

L'espèce humaine à certes plusieurs ambitions.

Cette croyance d'être au dessus de Toi et les Animaux.

Mais il n'est rien qu'un simple passage sur ton dos.

Sans la Nature, l'homme ne pourrait exister.

Tu as cette force que nulle ne peut égaler.

MarieL

L'ensemble

La société reste intemporelle malgré les siècles et les années.

Nous croyons que notre société est la meilleure.

Que tous ces humains ayant vécu dans le passé,

N'ont jamais été aussi bien que nous à cette heure.

Tant que nous vivrons en société, ensemble,

Notre système ne changera pas dans le fond.

Nous pourrons modifier la forme, changer d'angle,

Mais à la fin, l'Homme tournera toujours en rond.

L'Homme aura toujours ce lien à l'argent,

Si la société achète et vend.

L'Homme aura toujours des doutes sur sa vie,

Si la société joue des paris.

L'Homme aura toujours peur de vivre,

Si la société n'accepte pas de mourir.

L'Homme aura toujours cette envie de dominance,

Si la société garde cet esprit de méfiance.

L'Homme aura toujours ses faiblesses,

Si la société prend ses humains et les délaisse.

MarieL

Le temps de la Vie

Ma fille, le temps de la Vie est propre à chacun.

Le temps est une invention de l'Homme.

Ce besoin de repère est aujourd'hui en somme :

Un calcul permettant de résoudre le vide de l'humain.

Ne court pas après le temps,

N'essaye pas de l'attraper !

Juge sa valeur précisément

Et prends le temps sans t'en préoccuper !

La Vie n'existe qu'une fois.

C'est pourquoi tant de tourments,

Tant de questionnements,

Bouleversent nos chemins droits.

Et pourtant !

Ma fille, ne perds pas ton temps à te questionner,

Ne perds pas ton temps à le combler,

Ne perds pas ton temps à te montrer,

Ne perds pas ton temps à te justifier,

Ne perds pas ton temps à travailler,

Ne perds pas ton temps à t'emprisonner,

Ne perds pas ton temps à…

Ma fille, prends juste le temps de Vivre,

Sans te préoccuper de rien !

L'Amour

L'amour sous toutes ses formes :

L'amour en ville de Papeete à Rome.

L'amour en poème de Ronsard à Verlaine.

L'amour en scène de Molière à Musset.

L'amour en chanson de Gainsbourg à Dion.

L'amour en peinture de Raphaël à Schiele Egon.

L'amour se raconte mais ne s'explique pas.

L'amour fait battre ton cœur,

Il joue surtout sur tes humeurs.

La joie, la peine, la croyance, l'envie...

Tant d'émotions définissent l'amour, la Vie !

L'amour est la seule chose sur Terre

Où il n'existe aucune limite, aucun critère !

L'amour c'est la seule chose,

Qui ne peut pas se mesurer,

Qui ne peut être jugé,

Et dont on ne connaît la cause !

L'Art dans toute sa splendeur

L'art est à la fois subjectif et rassembleur.
Il permet d'exprimer le fond de son cœur.
A la fois simple et compliqué,
Une touche d'ancien et de modernité.

Chacun à sa propre vision de la beauté.
C'est la force de l'être humain,
La différence permet à certain,
De discuter et d'offrir une opportunité.

L'art offre une vision à l'Homme,
Un moyen de communication.
Une identité tel que l'artiste façonne
Et qui donne cette admiration.

Cet outil de transmission,

Donne tellement d'émotions !

Passant du sentiment joyeux à triste,

Un seul mot : Chapeau l'Artiste !

Est-ce vrai ?

Nous pensons que nos yeux observent la vérité.
Nous pensons que notre bouche dit la vérité.
Nous pensons que nos oreilles entendent la vérité.
Nous pensons que nos doigts touchent la vérité.
Nous pensons que nos 5 sens dévoilent la vérité.

Finalement sur quelle base se trouve la vérité ?
Qui détient la vérité ?
D'où vient la vérité ?

Une partie de la population traversant les années,
Affirmeront que seul les scientifiques détiennent la vérité !
Une autre partie à travers les siècles,
Assurent à dire que seul les religieux possèdent la vérité !

Est-il nécessaire d'avoir la vérité ?
A-t-on réellement besoin d'avoir la vérité ?

Nous avons besoin d'une vérité sur un acte caché,
Nous avons besoin d'une vérité sur un acte passé.

En réalité, la seule vérité,
Doit avoir exister et le justifier,
Ou ne peut être modifié !

MarieL

Je crois en moi

A chaque étape d'une vie, on doit croire en soi.
Prendre conscience qu'il s'agit de son unique foi.
C'est la clé du chemin de ta vie,
Sans cette force tu restes en sursis.

Ne fais pas semblant à tes yeux,
Reste clairvoyant et réalise tes vœux.
Seulement, garde en tête que seul toi-même,
Reste l'unique moteur de ce que tu aimes.

Le doute ne remet pas en question,
L'efficacité de ta propre raison.
Mais grâce à ces hésitations,
Toi seul tu auras les solutions.

L'Histoire a montré que tout est possible.
L'expérience a prouvé qu'il n'y a pas de hasard.
A toi d'écrire ton chemin sur ce fil,
Et de t'affirmer malgré les blizzards.

Où est la liberté, maman ?

Ma fille, la liberté est puissante et fragile.
Elle est le symbole de la vie.
Elle est la sensation de planer.
Elle te donne l'envie d'exister !

Avant de savoir où elle est,
Cherche à savoir qui elle est.

La liberté se défini subjectivement.
Chacun a sa propre définition.
Elle se délimite par son environnement.
Sans grande caractérisation.

C'est pourquoi, il est compliqué
De t'affirmer où se situe la liberté !

Une personne peut se sentir libre
Sans y être physiquement.
Une autre peut être libre physiquement,
Sans y être mentalement.

Ma fille, ne cherche pas où est la liberté.

Cherche à te sentir libre dans tes pensées.

Cherche à te sentir libre dans tes actions.

Cherche à te sentir libre dans tes émotions.

La liberté c'est pouvoir t'exprimer,

Sans attendre d'être jugé.

La liberté c'est pouvoir se déplacer,

Sur ta route sans déborder.

La liberté c'est pouvoir décider,

En acceptant les retombées.

La liberté c'est aussi s'assumer,

En gardant une part cachée.

La liberté elle se gagne,

,,,

Ma fille soit libre et reste libre !

MarieL

Droits en ses devoirs

Pour avoir, il faut donner.
Pour être, il faut exister.

Avoir des droits, c'est être méritant.
Avoir des devoirs, c'est être convainquant.

Les deux sont indissociables,
Un équilibre fort ajustable.

Si l'un est supérieur à l'autre,
Alors l'injustice est naissante.
Nous ne pouvons avoir cette différence,
Cela en deviendrait une faute.

Ce sentiment d'injustice est pourtant réel.
Dans ce monde, cette absence d'équilibre,
Nous montre à chacun cette existence cruelle.
Nous pouvons manquer de droits dans un pays libre.

MarieL

Me comprends-tu ?

La compréhension passe par la connaissance.
Le savoir découvert par l'homme.
Ce qu'il a pu observer, prendre conscience.

Ma fille, tu voudras comprendre beaucoup de choses.
Tu chercheras à analyser, à calculer, à démontrer.
Mais qu'il est difficile d'en connaître réellement la cause.
C'est comme définir précisément la seule Vérité.

La compréhension passe par le temps.
Le temps a la richesse de la construction.
Il permet de laisser couler les émotions.

Ma fille, par le temps tu comprendras le présent.
Toutes ces personnes qui sont passés par ce chemin.
Nous n'avons pas le changement croyant,
Mais simplement un point de vue changeant.

La compréhension passe par la communication.
Il est tellement difficile d'échanger objectivement.
C'est l'un des problèmes majeurs de l'être vivant.

Ma fille, entre ce que je pense, ce que je veux dire,

Entre ce que je dis, ce que je crois dire.

Entre ce que tu entends, ce que tu crois comprendre,

Entre ce que tu veux comprendre et ce que tu comprends.

En somme le principal, c'est toi.

Tu te comprends ?

Si ta réponse est positive,

Alors avance, ma fille !

MARIEL

La beauté de la vie

La vie est belle !

Malgré les différents obstacles que tu vas rencontrer,
Tu comprendras qu'elle mérite d'être vécue.
A toi de la saisir, de la comprendre, de l'écouter.
Et tu verras, la vie te donnera la plus belle vue.

Respecter ce qui t'entoure de manière réciproque.
N'oublie pas que la nature est plus forte que tout.
Elle est autant belle qu'elle t'apporte,
La vie dans toute sa splendeur, elle donne beaucoup !

La vie t'apprend, te responsabilise, te donne
Elle est là pour te faire grandir en somme.

Si ton chemin change d'angle, de destination.
Comprends que la vie te donne une leçon.
Qu'elle te protège par cette variation.
Et grâce à elle, tu vas accroître ta motivation.

Ma fille, la vie est belle !

Mariel

Fin

© 2026 Marie Lumineau
Édition : BoD · Books on Demand, 31 avenue Saint-Rémy, 57600 Forbach, bod@bod.fr
Impression : Libri Plureos GmbH, Friedensallee 273, 22763 Hambourg (Allemagne)
ISBN : 978-2-3225-0281-3
Dépôt légal : Mars 2026